AF331170

LE BARDE

A L'OCCASION

DES FÊTES DU 2 AVRIL 1810,

IMITÉ D'OSSIAN.

A PARIS,

DE L'IMPRIMERIE DES NOTAIRES,

Rue Gît-le-Cœur.

1810.

LE BARDE,

A L'OCCASION

DES FÊTES DU 2 AVRIL 1810,

IMITÉ D'OSSIAN.

UN JEUNE GUERRIER.

Ta harpe reste muette, ô Barde! au milieu de la publique allégresse. La Fille des Césars entre dans nos murs; un peuple immense se précipite partout sur son passage, et vient contempler l'auguste épouse de Napoléon. Des jeux, des fêtes se célèbrent dans tout l'Empire. La France entière s'abandonne à la joie. Peux-tu garder aujourd'hui le silence, ô Barde! toi qui as dit le grand Empire des Gaules affermi sur ses fondemens; toi dont la voix s'est fait entendre sur le pont d'Arcole, au milieu des rochers brûlans de Malte, et n'a pas craint, sur les bords du Nil, de troubler l'antique solitude des ombres orgueilleuses qui errent autour de leurs immenses tombeaux? Pourquoi ta harpe est-elle suspendue avec négligence sur tes épaules? Peut-elle rester oisive dans ce beau jour? Ton ame cruelle se plaît dans les combats; pour moi, dont les mains jeunes encore ont déjà lancé le trait meurtrier, une douce émotion a saisi tous mes sens. L'aspect du bonheur fait couler des larmes de mes yeux.

LE BARDE.

Tu te trompes, ô Guerrier ! si tu crois que mon cœur puisse être insensible à la joie publique. Le devoir d'un Barde est de célébrer les braves qui ont succombé sous la lance homicide, et d'ouvrir à leurs ombres magnanimes les palais aériens de nos aïeux ; mais il aime aussi à chanter la paix au front serein, devant qui la discorde ensanglantée s'enfuit, et court se cacher parmi les brouillards humides des marais ; il se plaît à décrire les travaux paisibles des campagnes, les prairies émaillées de fleurs, et les danses innocentes du hameau. O jeune homme ! j'ai toujours préféré la paix à la guerre. Tu as vu le Héros qui commande aux enfans des Gaules, s'immolant à chaque victoire, présenter lui-même l'olivier aux peuples qu'il avoit combattus. Pourquoi veux-tu que j'enferme la haine en mon sein ? Il est pénible, ô bon jeune homme, de haïr ses semblables. Mais je l'avoue, ma voix trop foible ne peut dignement célébrer une aussi brillante époque. Le Danube et la Seine unissant leurs ondes amies conspirent le bonheur du monde. Tu vas respirer enfin, ô terre de l'antique Europe ! Mais si tu l'exiges, je me rappelle ce que disoit le Barde sur les bords du Danube, le vénérable Carril, quand le murmure confus des armes et des boucliers annonçoit la guerre naissante. Le vieillard converse avec les ombres de nos aïeux; il a mérité par ses vertus de leur servir d'interprète. Je crois encore entendre sa voix redoutable, lorsqu'il voulut arrêter le sang qui alloit couler. Des guerriers farouches brandissoient le trait fatal. L'un d'eux même, et j'ai encore ses discours présens à ma pensée, offensa, dans sa bouillante chaleur, le vieillard qui voyoit déjà les héros des temps passés tracer l'avenir à ses yeux. Je vais répéter à tes oreilles des accens dont le souvenir fait encore frémir mes sens émus.

LE JEUNE GUERRIER.

La foule qui vient de s'écouler me permet d'écouter ce que tu vas dire; j'ai vu aussi ce Barde inspiré. Les fils de la Sprée avoient fui dans les plaines d'Jena, et déjà le vieillard disoit les champs de Friedland et le Niémen couvert des banderolles de la paix. Cependant satisfais à ma juste impatience.

LE BARDE.

Je ne puis résister à ton desir. Moi-même je

brûle d'exhaler tous les sentimens qui m'agitent, lorsqu'à l'aspect de ces fêtes je songe au Barde qui les avoit annoncées, Mais cours, appelle les Bardes répandus au milieu du peuple, afin que leurs harpes secondent ma voix tremblante.

Ce jeune guerrier exige de moi, ô Bardes, que je lui répète les accens du vénérable Carril, quand les ombres de ses ancêtres dévoilant l'avenir à ses yeux, il lut, bien avant les temps, au milieu des nuages, les noms entrelassés de Louise et de Napoléon.

Aidez mes foibles efforts, et que vos doigts flexibles parcourant les cordes obéissantes rappellent, tantôt la voix éclatante du vieillard, tantôt les cris des guerriers qui s'obstinèrent à mépriser ses avis.

LE BARDE SUR LES BORDS DU DANUBE.

Pourquoi ces armes, ô fils imprudens de l'Autriche ? Voulez-vous affronter encore la fureur de Napoléon? Ne vous souvient-il plus des champs d'Austerlitz, de ces lacs profonds qui ont englouti vos pâles défenseurs? De ces phalanges renfermées dans les remparts d'Ulm, et vaincues sans pouvoir combattre ? Avez-vous oublié quel puissant Empire fut détruit dans les plaines d'Jena? Je ne vois plus dans vos campagnes ces enfans robustes de la charrue, dont les bras arrachent du sein de la terre les épis jaunissans. Les arts ont abandonné vos villes plaintives. Des guerriers nouveaux agitent partout dans vos camps la lance pesante. Hélas! pourront-ils soutenir le choc de ces bataillons qui joignent à l'audace la cruelle expérience des combats ! O Vienne, ville infortunée, n'as-tu pas gémi assez longtemps sous le poids des maux qu'entraîne la guerre? Va, cours au devant de ton superbe vainqueur, tu as su déjà fléchir la colère du Héros.

UN GUERRIER.

Arrête, ô chef des Bardes; ils ne sont pas foibles les guerriers qui ont résisté aux enfans des Gaules. La fortune a pu trahir nos espérances. Elle peut aussi trahir les vœux de nos ennemis. La guerre est mêlée de succès et de revers. L'Aigle des Césars a troublé du bruit de sa foudre les deux rives de l'Escaut. Les vainqueurs de Fleurus se sont retirés dans les plaines de Wursbourg, et Kell a reçu nos phalanges au milieu de ses débris amoncelés. Nos chefs à la tête de mille cohortes brûlent d'effacer jusqu'au souvenir de leurs défaites. Si j'en crois un heureux présage, nos malheurs vont bientôt finir. Le Chef des enfans des Gaules ne peut opposer à nos efforts qu'une vaine résistance. Ses bandes antiques éprouvées tant de fois par nos revers combattent loin d'ici l'Ibère farouche ; il va se trouver seul contre nous.

LE BARDE.

Tremblez, il n'en sera que plus à craindre ! Ne savez-vous pas qu'à son nom seul la terre enfante des armées ? Les guerriers inconnus deviennent sous lui des héros. Les braves eux-mêmes, entraînés par le feu de son génie, franchissent dans leur rapide essor les bornes imposées à la foiblesse humaine. Qui de vous osera soutenir ce regard foudroyant, ce front terrible présage de la victoire ? vous croyez avoir trompé sa prudence. Hélas! peut-être il se rit de vos projets ; il arrivera au temps marqué, et, suivi de ses alliés fidèles, de ses légions menaçantes, il se précipitera sur vous, semblable au vautour qui fond sur sa proie.

LE GUERRIER.

Ton ame timide exagère les périls, et craint de les affronter. Cesse de nous effrayer, ô Barde ; cours te renfermer dans ta retraite solitaire.

LE BARDE

Respecte mes cheveux blanchis par l'âge ; je

puis mourrir. Souvent au milieu de vous j'ai bravé la mort. Les héros des temps passés s'exposoient au trépas sans chercher, et sans éviter le danger. Imitez leur noble exemple. Par quelle aveugle fureur voulez-vous provoquer le Héros qui sortit vainqueur de tant de batailles, et sous qui tant de royaumes se sont écroulés? Tremblez, le bras du destin peut aussi s'appesantir sur vos têtes.

LE GUERRIER.

J'excuse tes emportemens, ô Barde! occupé dans ta retraite à célébrer les exploits des guerriers, tu ne connois pas les sermens par lesquels nos alliés viennent de s'engager de nouveau. Les fils d'Albion doivent occuper ailleurs la pensée de Napoléon. Bientôt même, à travers les campagnes et les villes embrasées de nos ennemis, ils doivent se joindre à nos drapeaux; ils nous l'ont promis.

LE BARDE.

Les fils d'Albion affronter les périls réservés aux braves! non, ces étrangers perfides savent s'exposer à de faciles succès. O rives désolées du Sund, je vous prends à témoin! Ils peuvent jeter des brigands sur une plage sans défense, détruire l'humble cabane du pauvre.

C'est là que se borne l'audace des fiers souverains de l'Inde. La gloire est pour eux dans les périls qu'ils ont évités. Les fils d'Albion, ces violateurs de la foi jurée, je les maudis.

LE GUERRIER.

Comptes-tu pour rien l'intrépide Chef de nos guerriers. Les enfans des Gaules ont appris à le redouter. Il peut balancer la victoire, et bientôt sur les rives de la Seine, il verra flotter ses drapeaux.

LE BARDE

Que peut son courage contre l'*homme du destin*? Il est beau pour lui d'oser résister au Guerrier sous qui les Alpes s'abaissèrent. Sans doute, il se couvrira de gloire, même dans sa défaite ; mais tant de vertus pourront-elles sauver sa patrie? S'il vous faut des périls, ô jeunes guerriers, si vos ames généreuses ne peuvent supporter le repos, si les exploits des vainqueurs d'Jéna vous remplissent d'une jalouse émulation, cherchez au moins des dangers utiles à votre pays. Affranchissez le Danube dans son cours. Repoussez jusqu'aux pieds du Caucase les fiers Osmanlis, ces Janissaires farouches qui firent trembler vos ayeux. Ils ont jadis épouvanté Vienne de leurs affreux hurlemens. Laissez-vous à un Peuple nou-

veau l'honneur de les rejeter dans l'Asie ? Pourquoi le Bosphore ne voit-il pas l'Aigle des Césars
voler sur ses ondes blanchissantes ? Les ombres
des Sophocle et des Périclès s'indignent d'errer
parmi les hordes sauvages qui se vantent dans
leur triste ignorance de fouler aux pieds les chefs-
d'œuvre respectés même par le temps. Ce sont
les périls qui vous conviennent, ô guerriers.
Quel funeste orgueil ou quelle odieuse rivalité
vous arme contre les enfans des Gaules ? Songez
qu'ils descendent de ces mêmes peuples qui jadis
sortirent de vos forêts pour aller combattre les
maîtres du monde. Abjurez une fausse po-
litique. L'Autriche , la superbe Autriche
peut-elle s'abaisser à servir la cupidité des fils
d'Albion ? L'Aigle impérieux doit-il prendre
son essor au gré de leur insolente avarice ? Ren-
versez dans ses fondemens cette Carthage nou-
velle. Mais déjà l'airain retentit au milieu des
airs , Bardes suivez-moi ; tâchons d'arrêter leur
furie, il n'est plus temps. Le sang a coulé sur les
bords de l'Inn. Tremblez , imprudents ! il sera
terrible à plus d'un guerrier celui qui venge
ses amis. Hélas ! je le vois accourir à travers
l'espace, porté sur un nuage que la foudre et
les éclairs sillonnent à longs traits.

Bardes , ils l'ont voulu , entonnez l'hymne
des combats. Que vos harpes résonnent le long

des collines verdoyantes , et que vos accens ré-
jouissent les ombres de nos ayeux.

HYMNE DU COMBAT.

L'heure du péril a sonné ! Guerriers généreux
tous vos sens frémissent d'une noble impatience.
Marchez où la gloire vous appelle. Vous allez
combattre les braves ; qu'étendus sur la poussière,
ils disent : les guerriers qui nous ont vaincus
étoient redoutables. Loin d'ici l'homme timide
qui n'ose affronter le danger. Jeunes filles de
Morven, fuyez sa présence ; qu'il traine jusqu'au bord du tombeau ses jours languissans
dans la honte et le mépris. Le jeune émule des
Oscar et des Fillan vit plein de gloire au sein
de sa famille. La beauté qu'il a choisie pour
épouse paroît avec orgüeil dans toutes les fêtes.
S'il a senti le fer acéré d'une lance glacer son
sang dans ses veines, s'il cesse de vivre, il
existe encore dans la mémoire des hommes ;
son nom vole de bouche en bouche. Le chas-
seur matinal errant sur la bruyère, croit apercevoir son ombre à travers le brouillard qui
environne le tertre où il repose, et plein de
respect il s'incline.

LE BARDE.

Suspendez vos chants, ils m'importunent ; les

Bardes de nos ayeux ne les ont pas répétés sur leurs harpes aériennes. Les héros des temps passés, mornes et pensifs sur leurs nuages, semblent m'annoncer de nouveaux malheurs.

O champs d'Abensberg , combien de braves laisseront dans vos guérets leurs froids ossemens! Le Héros fait partout sentir sa fureur ; il frappe, disperse tout ce qui se rencontre sur son passage. Il commande à ses alliés, et leurs dociles cohortes rivalisent avec ses bandes anciennes. Intrépides Bavarois, et vous généreux enfans de la Germanie, j'admire en pleurant votre funeste courage. O journée sanglante d'Eckmülh, de quelle terreur Napoléon a glacé l'ame de tous nos guerriers. Ils fuient devant sa colère. Les chefs eux-mêmes entraînés avec la foule vont en rugissant cacher leur défaite dans les montagnes. Princes malheureux ! de quoi s'irrite votre fierté ? vous cédez à la force inévitable du destin. O Vienne ! tu vas recevoir encore dans tes remparts les vainqueurs d'Austerlitz ! Ombres de mes ayeux pourquoi m'avez-vous dévoilé l'avenir ?

Plaines d'Esling ! combien de héros expirent au milieu des moissons. La terre s'abreuve à regret d'un sang précieux. Cent bouches d'airain vomissent au loin la mort dans l'espace. Là valeur des enfans des Gaules surmonte, renverse les remparts mobiles que tu avois préparés contre eux, ô chef de l'Autriche! Déjà toi-même étonné tu hésites! déjà tu rappelles à ta mémoire les murs de Sharding en flammes. Cependant le Danube roule avec fracas ses ondes mugissantes: les ponts sont détruits. Quel affreux silence règne dans les airs! vainqueurs et vaincus, tous s'arrêtent, tous respirent. Ombres de mes pères, ma patrie est-elle sauvée? O vous! qui avez combattu les fils de la Sprée dans les plaines d'Auerstett, de quel sombre désespoir je vous vois atteints! vos cris se font entendre sur l'un et l'autre rivage. Tel sur le haut d'une colline rugit le lion qui voit dans la vallée opposée, au-delà d'un profond torrent, courir un jeune taureau auprès de sa mère; il secoue sa crinière horrible, et se déchire les flancs.

Quel est le brave qui a succombé au milieu de sa carrière? il a senti les pleurs de Napoléon couvrir ses mains défaillantes. Ses regards mourans s'attachent sur le Héros. Le pont d'Arcole, l'Egypte, les plaines de Montebello se sont retracés à sa mémoire, et il expire satisfait. L'armée entière pleure son trépas. Ainsi, dans les momens du carnage, la pitié s'ouvre encore le cœur des mortels!

Flots du Danube! quelle main puissante vous a enchaînés? Ces tours qui vont dominer votre cours rapide , s'élèvent plus promptes que la pensée : vos efforts seront-ils impuissans , ombres sacrées ! cédez - vous aussi à l'homme par qui le destin fait trembler la terre ? ma patrie doit-elle périr comme tant d'autres Etats renversés par sa main puissante ! Je ne sais quel espoir a flatté mes sens émus : j'entrevois à travers des vapeurs sanglantes quelques rayons précurseurs d'un beau jour.

O Vagram ! pourquoi ces mille bataillons qui couvrent le champ du carnage ? des peuples faits pour s'estimer peuvent-ils porter l'un sur l'autre des mains parricides ? Les fils d'Albion triomphent-d'avance à la vue des maux sous lesquels la triste Europe va gémir encore une fois ! La grande ame de Napoléon vouloit détourner ces nouvelles scènes d'horreur. L'airain gronde ! des torrens de feu serpentent au loin dans la plaine ; ils semblent traîner après eux des flots de soufre enflammé ! La mort vole dans tous les rangs ; la fureur, la haîne, l'orgueil, armés de sa faulx tranchante, moissonnent partout leurs victimes. Tous les guerriers, immobiles à leur poste et sans connoître la peur, disputent entr'eux l'honneur d'affronter le plus de périls. Je distingue à son aigrette brillante le Chef qui, jeune encore, repoussa les fils d'Albion , sur les rives de la Delavare. Cependant le Héros tranquille, maître de lui-même, suspend à son gré, ou presse la marche de ses phalanges, il a prévu le moment de la victoire !

Quelle est cette fille céleste qui s'avance au milieu des nuages ? L'azur et le pourpre éclatent sur sa robe parsemée d'étoiles ; elle descend au son des harpes aériennes ; ses pieds reposent sur les flots du Danube. Le fleuve les presse de ses ondes amoureuses dont il semble ralentir le cours ; des prairies émaillées de fleurs s'élèvent de tous côtés le long de ses rives. Les vents semblent retenir leur haleine. Elle parle, et le carnage s'arrête à sa voix. L'airain ne retentit plus dans les montagnes ; les sombres vapeurs qui avoient obscurci l'horison se dissipent, et laissent apercevoir la sérénité du ciel. Telle, après un orage qui a répandu partout la terreur, la lune au milieu de la nuit, lance ses rayons paisibles, et console par sa présence les tristes humains.

Approche, ô fille céleste ! viens-tu apporter la paix au monde ? La Seine et le Rhin soulèvent de joie leurs eaux écumantes qui retombent en nappes limpides. Un peuple nombreux accourt sur leurs bords, et pousse des cris d'allégrese. L'appareil des fêtes succède partout aux sombres apprets des combats, et le chalumeau champêtre remplace l'affreux clairon. O Louise, heureuse Louise, la terre attend de toi son bonheur. Napoléon enivré d'amour contemple la fille du Ciel et lui présente cette main qui lance la foudre , et qui trace aux peuples des lois salutaires. Le Chef même des fils de l'Autriche unit les deux augustes époux , *Louise* , *Napoléon*. Quels noms chéris ! Quelle suite nombreuse de héros vont sortir de cette alliance fortunée ! Une femme s'éloigne au sein des nuages, elle se retourne vers les deux époux. Sur son front serein brillent les graces et la majesté. Elle s'éloigne , mais elle a jeté sur eux un regard si touchant ! Reçois, femme généreuse , le prix de ton sacrifice , l'univers entier t'admire. O puissant Empire des Gaules ! tu vas porter ta splendeur dans les siècles les plus reculés ! Charlemagne, au milieu de ses généreux Paladins , applaudit à son noble successeur. Le père du cruel Philippe , et son rival imprudent, oubliant leurs longues querelles se tiennent embrassés l'un l'autre. Othon admire le Guerrier qui dompta l'orgueil du Tibre, et qui fit rentrer dans leur lit ses ondes égarées. Le Nil roule ses flots confondus avec les flots de l'impétueux Eridan, et le cristal de leurs eaux réfléchit aux yeux de Napoléon, des lieux chers à son souvenir.

Les fils d'Albion frémissent de rage ; leurs vaisseaux menacent les rives d'où s'élanceront un jour les vaisseaux vengeurs qui doivent porter dans leur île les enfans des Gaules. Tu avois promis de périr sur tes remparts, ô chef timide de Flessingue ! et tu crains de combattre les tyrans des mers ! Ce foible triomphe ne peut vous enorgueillir, ô fils d'Albion ! Déjà vous vous retirez à l'aspect de ces bataillons qui se présentent sur le rivage opposé ; vous vous retirez, hélas ! comme des loups ravissans qui sèment partout le carnage et la destruction !

Fuyez, ô fils d'Albion, fuyez au fond de votre île ! Conservez pour vous ces tissus précieux, l'aliment d'un luxe insensé, qu'arrosent trop souvent les larmes de l'infortuné Indien. Conservez votre or corrupteur. L'Europe a du fer et ses moissons ; elle peut cultiver sans vous les arts bienfaisans ; les arts qui répandent sur la vie les charmes consolateurs de l'illusion et de l'espérance. Que tous les peuples, loin de vos lâches intrigues, abjurent les haînes cruelles.

Fuyez au fond de votre île ! Bientôt l'Europe vous sera fermée pour toujours. Le Tage, indigné de vos crimes, va vous rejeter dans les flots du vaste océan. Déjà la fertile Andalousie respire, et n'est plus asservie à votre fatale influence. Cadix, écoutant des conseils perfides, veut en vain se débattre sous la main d'un père indulgent. Puisse-t-elle ne pas connoître le prix de votre amitié! L'Inde s'agite et repousse ses maîtres cruels. L'ombre sanglante de Typoo-Saïb amène après elle les innombrables victimes de votre cupidité. Elle a secoué sur vous les flambeaux de la vengeance. Tremble, malheureuse Tyr, ton règne est passé; le Nord et le Midi se partageront sous tes yeux tes propres dépouilles.....

Éloignez, Bardes célestes, éloignez de moi ces sombres images. Oh! que des tableaux plus riants viennent consoler mon ame atristée. Je vous remercie, ô jeunes filles de Morven. Déjà vous formez autour de moi vos danses ingénues. Belle Malvina, tu rougis en apercevant le fils d'Ossian parmi les guerriers qui vont déposer leurs lances dans le palais de Fingal. Ton cœur palpite à l'approche de ton bien aimé. Je crois entendre les cris des dogues fidèles qui ont reconnu leurs maîtres, et qui dans leurs vains aboyemens poursuivent d'avance le chevreuil agile. Les jeunes épouses accourent tremblantes de joie. Assis à la table des festins, tous les Chefs des peuples oublient leurs longues dissensions. O fils d'Albion! avez-vous cédé à des sentimens plus doux! Le vin coule à grands flots dans les coupes de l'hospitalité. Les harpes obéissantes résonnent et leurs sons harmonieux remplissent l'antique demeure des braves. L'aurore ramène déjà d'autres plaisirs. La guerre

embellit ces jeux par ses combats simulés. Les
fils des héros s'essayent sous leurs yeux à lancer
au loin le trait fatal. Ici le coursier fougueux
devançant la pensée rapide, franchit les val-
lons et les rivières; il bondit près du paturage
où repose sa superbe amante; ses naseaux brûlans respirent tout à la fois l'orgueil et l'amour.
Là des bœufs couronnés de fleurs tracent les
sillons d'où l'épi doit un jour jaillir. L'enclume
gémit au milieu des cités, et le soc de la charrue bienfaisante se forme à son tour des débris
du fer homicide. Tout me retrace la paix et
ses heures fortunées. Reviens, ô paix chérie!
reviens parmi les mortels ! ramène l'abon-
dance et le bonheur, et que ton empire s'é-
tende sur tout l'univers.

Le Barde se tut. Ses yeux enflammés, sa
bouche entr'ouverte, et ses cheveux hérissés an-
nonçoient le trouble qui le consumoit. Les ombres qu'il avoit évoquées se précipitoient autour
de lui. Les harpes sembloient répéter, au milieu des nuages, ses accens prophétiques. Il
nous avoit remplis d'une sainte horreur. Il
avoit cessé de parler, les guerriers immobiles
écoutoient encore. L'airain gronda dans les
airs, et ils coururent aux combats.

F I N.